UNA CHICA EXTRAORDINARYA

Nary LY
Superviviente
Científica
Olímpica

Mi más sincero agradecimiento
a todos los amigos que han hecho críticas
constructivas y sugerencias para mejorar este relato.
Particularmente, Adolfo, Sátur, María Jesús, Pierre,
Rocío, Cristina, Salva, Karmen, Roberto, César y Julio

© Edición: Nary Ly
Coordinación Editorial: Antonio de Benito
Ilustraciones: Manuel Romero
Diseño y Maquetación: Patricia Méndez

ISBN:978-84-09-55396-9
Depósito Legal: LE 400-2023

Érase una vez una niña llamada Nary Ly, que vivía en el reino de Camboya muy feliz, junto a sus seis hermanos, con su madre, ma, y su padre, pa.

Nary era la pequeña y se llevaba muy bien con su hermana Heang. La imaginación de Nary era desbordante y poseía un don muy importante: hablaba con ella misma, como si se confesara un secreto, para resolver cualquier reto. Y si un día cometía un error, al día siguiente intentaba hacerlo mejor. Era una de sus tareas diarias, mejorar. Por eso era ya una niña extraordiNarya.

"Tener una amiga dentro de ti es genial, sabes que jamás te fallará. Nary, todo tiene solución: búscala en tu interior".

En su calle, jugaba a ser doctora a todas las horas. Le gustaba curar, pero sobre todo, investigar. Pasaba consulta a sus camaradas de juego y resulta que ponía fin a los males con medicinas ficticias, remedios fantásticos y pociones mágicas. Nary, con su imaginación, jamás se aburría y siempre tenía una chispeante sonrisa dibujada en la cara y en su enorme corazón.

Un día, la lluvia monzónica inundó la aldea y Nary se quedó fascinada, sorprendida... Viendo la lluvia caer, tuvo una idea.

"Mi casa es un palafito, el suelo está elevado con troncos de madera, queda muy bonito y, en muchas ocasiones, nos libra de inundaciones. Ahora puedo pescar para conseguir comida y ayudar a mi familia".

Nary tomó un hilo blanco de la costura de ma, le colocó un grano de arroz cocido, que servía de cebo o anzuelo, y lo introdujo por el hueco de bambú del suelo.

"¿Qué es este pez tan raro que he pescado?".

"¡Es un pañuelo gris ceniza y rojo encarnado de los guerreros que controlan y oprimen a los aldeanos camboyanos!".

Lo miró con gesto extrañado, pero pensó que por algo había llegado a sus manos aquel kroma encarnado.

Tomó **un hilo rojo** del pañuelo, lo colocó junto al blanco, sobre el suelo, y pensó: "¿Rojo o blanco? ¿Cuál será el color de la paz? ¿Tendremos el mismo color en el interior de nuestro corazón?".

Como no lo pudo aclarar, guardó los dos hilos en una bolsita especial. Y como la lluvia acababa de cesar, bajó de su palafito para salir a jugar.

Su juego preferido consistía en adivinar el color interior de cada flor. A veces, el color interior era rojo y otras no, observaba Nary ante las caras asombradas de sus camaradas. Alegremente jugaban por el barrio y se oían desde lejos sus risas, tanto si perdían como si ganaban. Eran libres, despreocupadas, inocentes y felices. ¡Qué importancia tiene el tiempo de la infancia!

"Serás una personalidad importante cuando seas mayor, más adelante. Razonas, meditas, adivinas colores, curas heridas, quizá seas una de las mejores médicas o una científica legendaria. ¡Eres una chica **extraordiNarya**!", le decían sus camaradas emocionadas.

Otro día, que el nublado cielo se confundía con el suelo, los soldados del kroma o pañuelo atacaron al indefenso pueblo. Los hilos rojos pintaron la tierra. La guerra había empezado y los jemeres rojos, que así se llamaban los soldados, controlaron todo el territorio del reino camboyano.

"El pueblo quedará abandonado, a la capital tendremos que mudarnos. Yo me quedaré aquí, en el poblado, con tu hermano mayor. Adiós, mi niña **extraordiNarya**", se despidió pa, mientras el resto de la familia partía hacia Nom Pen, la capital, sin saber si se volverían a ver.

Pasaron unos meses, Nary regresó a su casa, pero ni su pa ni su hermano estaban allá. Los soldados jemeres rojos habían separado a las familias del pueblo, como a la tierra del cielo. Los hombres, a un lado; las mujeres, a otro, y los niños y niñas nada entendían de lo que sucedía. Todos separados y desorientados en mitad de un enorme caos.

Los niños se habían convertido en hijos de la organización de los jemeres rojos y muchos, con lágrimas en los ojos, se sentían hambrientos y asustados. Muchos ya habían enfermado por estar hacinados, desnutridos, mal alimentados. Nary intentó mantenerse fuerte y no llorar, porque nada positivo así podría lograr. Observó la situación, escuchó las órdenes de los jemeres rojos y obedeció esperando la oportunidad para poder escapar.

Los jemeres rojos querían evitar que el pueblo se uniera y se pudiera sublevar, pero la niña no paraba de pensar: "Nary, todo tiene solución: búscala en tu interior". Miró su bolsita de hilos y colocó con sigilo, entre el blanco y el rojo, uno de **color gris.**

Hasta un rincón del campo de trabajo, llegó Heang sin que nadie la viera. Susurró discretamente al oído de Nary: "Date la vuelta enseguida y métete rápidamente en la boca esta comida".

Heang sacó ágilmente del bolsillo de su pantalón una bolita de arroz blanco con un langostino escondido en su interior y se la dio a su hermanita discretamente… ¡Nary la engulló rápidamente!

Heang se despidió al momento. Nary corrió como el viento hacia los campos de trabajo, donde su tarea consistía en que las aves no se comieran el arroz de los arrozales.

* * *

Un día llegó una fuerte tormenta tropical y se llevó la guerra civil lejos de allí. La niña se acordó de su pa y de su hermano mayor, tomó **un hilo azul** como el cielo y, junto al blanco, el rojo y el gris, lo guardó dentro. La niña se sentía culpable por haber pescado ese kroma rojo de la mala suerte que tenía a su pueblo en vilo, pero todos los colores tienen sus diferentes misiones, como el color de cada hilo. Y la niña volvió a decir: "Nary, todo tiene solución: búscala en tu interior".

Poco después, gracias a la ayuda del pueblo francés, con su Cruz Roja, subió en las alas de un pájaro blanco. A Francia la llevó un avión para empezar una nueva vida y un futuro mejor. Nary prometió a su familia que, fuera donde fuera, sería valiente y no pararía de estudiar para que se sintieran orgullosos y

pronto volvería para ayudar. A los diez años, Nary se había convertido, mágicamente, en una **extraordi-Narya** superviviente, fuerte y valiente.

Ahora, Nary estaba sola sin su familia, miró a su bolsita y metió un nuevo hilo de **color amarillo limón**, como el sol, el renacer de una vida nueva, aunque lejos de su país de nacimiento, pero con él en su pensamiento.

Nary habló a su bolsita: "El mundo puede ser un sitio cruel o un maravilloso paraíso, todo depende de lo que quieras hacer con él". Ahora, Nary es libre para crecer igual que crecía su bolsita de hilos de diferentes colores: blanco, rojo, gris, azul, amarillo... "¿Cuál prefieres tú?"

* * *

En Francia, primero, vivió en un orfanato con otros niños y niñas refugiados. Después, fue acogida por una familia francesa, que ya tenía cuatro hijos. Ahora, Nary tiene una nueva hermana y tres nuevos hermanos franceses. A su nueva madre la llamaba maman y papa, a su padre.

Una noche, Nary cogió un grillo, como en Camboya era habitual, y le dijo a su maman: "Es mi regalo para ti, para cenar lo puedes freír".

"Aquí no comemos estos insectos, comemos otros alimentos, ya que tenemos costumbres diferentes", respondió maman con cara de incredulidad.

"Los grillos sí que se comen en mi país. Son deliciosos, como los cacahuetes, las pipas o el maíz. ¿Costumbres diferentes? También en Camboya es muy importante el respeto a toda la gente, sobre todo, a las personas adultas y ancianas, que allí son consideradas sabias. Bien, da igual cenar grillo frito con pimiento que con queso fundido", respondió Nary sonriendo.

La chica **extraordiNarya** no olvidaba a su pueblo en la distancia, pero se adaptó fácilmente a su nuevo país adoptivo, Francia. En su nuevo hogar se lavaba los dientes con pasta dental, que es lo habitual, en vez de hacerlo con arena, ceniza o fibra de corteza de coco como lo hacía en Camboya hasta hacía bien poco.

Se acostumbró a la comida francesa, la típica tortilla francesa, a sus quesos de sabor y fuerte olor, cremosos... "¡Hummmm, deliciosos!" Pero no solo le encantaba la comida, pronto se apasionó por la biología.

Le atraía descubrir y conocer cómo están hechos los corazones de las personas, de otros seres vivos como las flores... Nary se hacía muchas preguntas y le gustaba buscar sus respuestas. "¿Por qué tenemos distintos colores de piel? ¿Sentimos todos las mismas emociones: bondad, empatía, solidaridad…? ¿Las emociones negativas las podremos convertir en positivas?".

Intentando responder, miró su bolsita y susurró en voz bajita:

"Voy a estudiar biología para descubrir cómo funciona la vida, quiero ser científica. Meteré **un hilo verde esmeralda** que representa la esperanza y el conocimiento para ayudar y construir un mundo en paz".

De repente, Nary exclamó: "¡Oh, esto comienza a parecer un arco iris, pero aún me faltan colores para seguir descubriendo emociones!".

Nary quería ser igual que todos sus camaradas de clase, que la gente no la discriminase. Pero siempre había alguien que la prejuzgaba. Nary era diferente, mas no quería ser rechazada y criticada injustamente. La superviviente **extraordiNarya** poseía un alma muy sensible y una personalidad reservada. En el recreo, a menudo, estaba sola, triste y arrinconada. En esas ocasiones sentía nostalgia y echaba de menos la protección de su hermana y el cariño de su familia.

Pero Nary trató de ocultar su tristeza para no molestar a los demás ni dar pena a su maman. Empezó a imaginar y fantasear viajando a su infancia sin parar. Se consolaba con su bolsita de hilos, que representaba la infancia feliz en su país. Al recordar, metió en la bolsa secreta un hilo de **color violeta magenta.**

"Me gusta tu bolsita de hilos de colores", le dijo Pierre, un compañero de colegio, siempre amigo fiel.

Con Pierre se sentía bien, le gustaba hablar de su infancia en Camboya, de su familia, de cómo pescar peces desde casa, buscar los colores de las flores… Tal vez Pierre era tan empático porque había vivido con su familia en el sudeste asiático.

Y Pierre abría sus ojos, tan claros que casi le relucían, y escuchaba con atención las historias que Nary le contaba.

Se hicieron amigos inseparables. Durante un recreo inolvidable, Pierre llamó a toda la clase y anunció: "¡Escuchad las historias extraordinarias de Nary, la chica **extraordiNarya**!".

Desde entonces, Pierre animaba a Nary para que compartiera su experiencia con quien quisiera. Sus vivencias de la guerra serían un buen testimonio para lograr un mundo mejor, de bienestar, paz y amor.

Pierre y Nary se juntaban para hacer los deberes que les mandaban. Al niño le encantaba la literatura y a Nary, las ciencias puras, así se ayudaban y disfrutaban.

Muy ocupada, el tiempo pasó rápidamente y **extraordiNary** se convirtió en científica, además de superviviente.

* * *

Nary tomó otro avión y voló rumbo a Nueva York, donde conoció a Chris, un famoso científico e investigador. Los dos juntos investigaron sobre una terrible enfermedad: la gripe aviar. Buscaron una vacuna eficaz para que la enfermedad no se convirtiera en una pandemia mundial.

"Todo tiene solución: búscala en tu interior", decía Nary a Chris, trabajando en la vacuna sin descanso hasta que la Luna desaparecía y amanecía un nuevo día.

Allí trabajó apasionada como investigadora científica. **ExtraordiNary** nunca dejaba de aprender, descubriendo cosas nuevas y disfrutando de una profesión magnífica que le permitía seguir desarrollándose, descubriendo la vida y continuar ayudando.

* * *

Mount
Sinai
Mount
inai

Nary se había hecho mayor, una chica adulta que seguía haciéndose numerosas preguntas y buscando soluciones, mirando a su inseparable bolsita secreta con hilos de colores.

Durante sus estudios descubrió que el deporte beneficia al cuerpo y a la mente, mejora la capacidad intelectual y nos permite superarnos mágicamente. "¿Lo sabías? ¿Tú también practicas deporte frecuentemente?".

* * *

Un día se enteró de que ma, muy anciana ya, tenía una grave enfermedad. Rápidamente, Nary viajó a Camboya para ver a su madre y estar a su lado hasta el final.

Después de tantos años, sintió dos emociones.

Alegría por volver a su nación y ver a las tres hijas de su hermana Heang ya crecidas, ¡qué emoción! Se acordó de Pierre cuando todos, en corro, escuchaban ensimismados a Nary contando experiencias de París o Nueva York. Se sentaron en el suelo de bambú y compartieron deliciosa comida, conversaciones, risas y emociones. Nary revivió su infancia perdida antes de que llegara la guerra de los jemeres rojos. Con lágrimas en sus ojos, sintió tristeza y dolor por lo que la guerra había dejado a su alrededor.

Nary quería hacer un sueño realidad para que los niños y niñas pudieran jugar como ella lo había hecho en los lejanos días de paz.

Comprobó que su nación necesitaba mucha ayuda para la reconstrucción: rehabilitar casas, carreteras, museos, hospitales, escuelas... enseñar a los jóvenes y criaturas el valor de la cultura... "¿Qué podré hacer yo para contribuir a un mundo mejor?". Se acordó de Chris, su amigo investigador, y se contestó: "Nary, todo tiene solución: búscala en tu interior".

"¡Una carrera benéfica para recaudar fondos y curar enfermedades!", exclamó Nary muy enérgica.

Fue el inicio de una nueva etapa. El comienzo de un largo camino que la llevaría a convertirse en una atleta **extraordiNarya**.

Durante la carrera, Nary se cruzó con Salva, un atleta español, que le propuso mejorar su rendimiento entrenando con él en su ciudad española: León.

"Si quieres, yo seré tu entrenador", propuso Salvador con naturalidad y mucho amor.

Salva, el ultra maratoniano de fondo y glotón de León, la invitó a que fuera a su ciudad para poder entrenar.

Nary, encantada, aceptó y rumbo a España voló. Por los caminos, a través de los prados, campiñas, dehesas y altas montañas leonesas entrenaba dos veces al día: por la mañana y por la tarde. Un entrenamiento físico y mental, con mucha inteligencia para mejorar su resistencia. Corría largas distancias, hasta 200 km por semana, contra el reloj, una deportista **extraordi-Narya**, que cada vez corría más veloz.

Nary preguntaba a su bolsita de hilos: "¿Y si un día representara a mi pequeña nación en una gran competición?".

Pierre, Chris, Salva, mi hermana, mi familia camboyana… se sentirían felices y orgullosos si yo representara a mi país, compitiendo y llegando a la meta junto a atletas de las naciones más poderosas y ricas del planeta.

Oyó nuevamente su voz: "Nary, todo tiene solución: búscala en tu interior".

Miró la bolsita con atención y sintió el calor de Camboya, la alegría de volver a reunirse con sus amigos y familiares, encontrar personas excepcionales como Pierre, Chris, Salva... Soñar con ser una atleta profesional... Revolucionar las emociones de los colores y encontrar su verdadero brillo: blanco, rojo, gris, azul, amarillo, verde, violeta...

Unos meses más tarde, participó en el maratón de Valencia, una increíble experiencia. Allí consiguió con esfuerzo su pequeño gran sueño...

"¡He corrido un maratón por debajo de la mítica barrera de las tres horas! ¡Es un milagro, algo extraordiNaryo! Es un récord nacional que me permitirá participar en... ¡Los Juegos Olímpicos de Río! Será un sueño cumplido. Los Juegos son una fuente enorme de valores: el respeto, la amistad... Se unen el deporte y la cultura, una verdadera aventura".

Para celebrar tal hazaña, abrió su bolsa y metió un hilo de color naranja calabaza.

Más adelante, Nary tomó otra decisión importante para asistir a los Juegos Olímpicos. Miró su bolsita de hilos y dijo: "El deporte es una herramienta eficaz para resolver conflictos y consolidar la paz. Transmite valores como la justicia, la inclusión, la perseverancia, la disciplina, el trabajo en equipo, la igualdad... ¡El deporte es genial!".

Y Nary tomó un avión y se fue volando a Kenia, país africano, donde entrenan excelentes atletas maratonianos.

¡Los keniatas, que tienen la piel de color café, jamás habían visto correr por allí a una mujer de piel clara con tanta soltura y elegancia! Les habían dicho a los pequeños que los blancos podían comerlos así que, en cuanto la veían, corrían a esconderse. Pero Nary, con su cercanía, se detenía para chocarles las manos y, así, entendieron que nadie come humanos.

El día de su cumpleaños visitó un colegio, y en vez de recibir regalos, Nary, la atleta **extraordiNarya**, dio una grata sorpresa a los escolares de Primaria. Les regaló cuadernos, lapiceros, caramelos... y se hizo un montón de fotos con ellos.

Abrió la bolsa de hilos y, antes de cumplir su sueño olímpico, metió el último color, el **índigo.**

Nary participó en Los Juegos de Río de Janeiro, en Brasil. Había conseguido ser una mujer superviviente, científica y atleta olímpica. La primera mujer camboyana que ha realizado tal hazaña.

En la villa olímpica convivían deportistas de todos los países del mundo. Nary ni siquiera había oído

antes el nombre de algunas naciones participantes. Lo que más la emocionó fue ver el equipo ROT (Equipo Olímpico de Refugiados), deportistas que, como ella, habían tenido que dejar sus países por guerras o problemas no deseados.

Al iniciar el **extraordiNaryo** maratón olímpico, Nary se lesionó en el tendón, pero jamás pensó en abandonar la carrera más especial de su vida. Pierre de Coubertin, el padre de los Juegos Olímpicos, dijo: "Lo más importante en los Juegos Olímpicos no es ganar, sino participar; lo importante en la vida no es el triunfo, sino haber luchado bien". Nary no solo corría por ella misma, sino por las niñas, las mujeres víctimas de la guerra de los jemeres rojos. Por Heang, por ma y pa. Por sus hermanos. Por Pierre, Chris, Salva... Por las camboyanas y camboyanos, que tras la guerra cruel ahora tenían ante ellos a una heroína, una mujer superviviente, científica y, también, olímpica, que acabaría la maratón de los Juegos de Río 2016 con enorme pundonor y con su inseparable bolsita de hilos de color.

De vuelta a España, una noche bañada de estrellas, contemplando las montañas leonesas junto a Salva, Nary volvió a soñar despierta repasando sus vivencias. Al momento, vio una brillante estrella fugaz cruzar el firmamento bajo la luz de la luna llena. Nary

Rio 2016
CAMBODIA
LY

saltó al cielo muy feliz: "¡Eureka, lo encontré! ¡Es el **hilo de oro** que tanto busqué!".

Un hilo dorado que Nary siempre había soñado, el hilo de la grandeza espiritual y la paz interior, un auténtico regalo. Antes de que la estrella fugaz desapareciera del universo, Nary pidió su último deseo: "¡Que todos los niños y niñas del mundo se diviertan, vayan al colegio, hagan importantes descubrimientos y crezcan libres como el viento!".

Al día siguiente, Nary volvió a mirar su bolsita tan especial. Quiso recordar su primer hilo de la costura de ma, blanco como una paloma de la paz. El hilo rojo como la sangre derramada de las personas víctimas de las guerras creadas. El hilo verde de la esperanza, el amarillo como un rayo de sol, el azul océano como el horizonte entre el mar y el cielo… ¡Menuda sorpresa se llevó, el hilo gris ceniza se había transformado en **hilo verde muy claro**! Nary había conseguido cambiar el hilo gris, que representaba a las víctimas inocentes, el sufrimiento y la tristeza, por el verde claro que daba paso al renacimiento de la primavera. Ahora los hilos se han unido y entrelazado para formar una maravillosa pulsera arco iris multicolor, que da una fuerza mágica y un enorme coraje y valor, que jamás se olvida para afrontar los grandes retos de la vida.

¡EUREKA!

Nary visita institutos y escuelas, donde comparte su experiencia de vida a todo el alumnado, a quienes están a su lado, a profes, abuelas, niños y a todos los que se cruzan en su camino. Os quiere recordar que también debéis soñar, perseguir ilusiones, superar grandes retos para llegar a ser leyendas, personas brillantes y mejores. A cada niño o niña le quiere inspirar, especialmente a los que sufren más, ¡¡¡que no se rindan jamás!!!

Nary Ly, la chica **extraordiNarya**, sonríe satisfecha mientras os recuerda: "Para ti, también, todo tiene solución: búscala en tu interior".

Juega y aprende con EXTRAORDINARY

Ahora que ya has leído el cuento de Nary Ly, te propongo que sigas aprendiendo y disfrutando del mágico mundo de la lectura con **EXTRAORDINARY.**

¿Te acuerdas?

¿En qué ciudad vive actualmente Nary Ly?
Te doy una pista: ruge y la descubrirás.

____

Sabías que...

Nary es una superviviente de la guerra y genocidio de los jemeres rojos en Camboya. Nary se prometió a sí misma salir de aquella situación que no había elegido. Con mucha fuerza de voluntad, valor y trabajo, lo logró.

Sopa de Nary

Descubre en esta sopa de letras
las palabras del cuento:

**MARATÓN – REFUGIADA – CAMBOYA – CIENTÍFICA
FRANCIA – CORAJE – KENIA – OLÍMPICA
ESPAÑA – BRASIL**

F	R	A	N	C	A	M	B	Ñ	A
E	S	D	E	J	A	R	O	C	P
K	E	A	C	I	P	M	I	L	O
A	F	I	K	E	N	F	O	J	N
Ñ	R	G	R	A	I	N	E	K	O
A	A	U	B	T	C	O	R	A	T
P	N	F	N	R	E	F	U	G	A
S	C	E	B	R	A	S	I	L	R
E	I	R	E	S	P	A	Ñ	Y	A
C	A	M	B	O	Y	A	F	K	M

Sabías que...

Actualmente, Nary
Ly visita colegios e
institutos para dar
ánimo y ejemplo a los
escolares. ¡Tú también
puedes ser superviviente
de los retos especiales
de la vida! Superarás
todas las adversidades
gracias a los libros y a
las buenas amistades.
Podrás ser científica, atleta, bióloga, maestro,
escritora... Conseguir lo que tú quieras con esfuerzo
y tenacidad.

¿Te acuerdas?

¿Sabes cómo se llama el tipo de casa en el que vivía
Nary en Camboya? Marca la respuesta correcta.

- ☐ Palacio
- ☐ Palacete
- ☐ Palafito
- ☐ Palacito

La palabra intrusa

Entre estas palabras hay una que no aparece en el cuento. Rodéala.

Grillo

Cultura

Arroz

Rojo

Calabaza

Rosa

Deporte

Mensaje secreto

Lee el siguiente mensaje siguiendo las claves de las vocales:

N1RY 2S 5N 2J2MPL4 P1R1 T4D1S
L1S N3Ñ1S Y N3Ñ4S D2L M5ND4

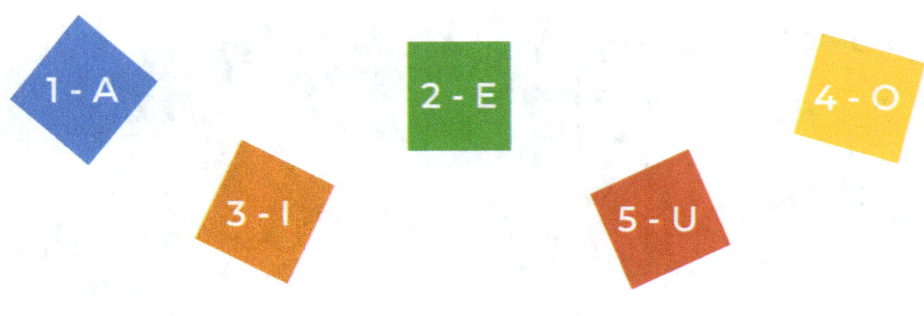

Naryenglish

Ordena estas palabras y completarás una frase en inglés.

is team ROT the olympic refugee

____

Para reflexionar

La vida de Nary Ly está reflejada en este libro. Rodea las palabras que crees que son más definitorias en su vida.

Perseverancia   **Entrenamiento**

Princesa   **Ejemplo**   **Estudio**

Fuerza

Campeona

Valentía

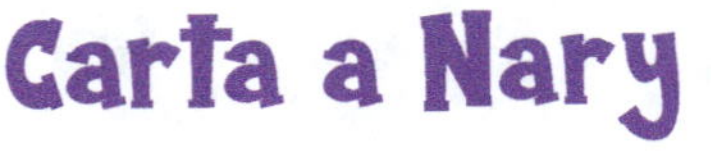

Carta a Nary

Escribe a Nary y cuéntale lo que más te
ha gustado del cuento, un poema, una carta
ilustrada, una fotografía...
Envía tu texto o tu foto a naryauthor@gmail.com.